DISCOURS

PRONONCÉS

SUR LA TOMBE DE M. EUSÈBE SALVERTE.

DISCOURS

PRONONCÉS

SUR LA TOMBE DE M. EUSÈBE SALVERTE,

MEMBRE

DE LA CHAMBRE DES DÉPUTÉS ET DE L'INSTITUT.

Le 30 Octobre 1839.

PARIS,

IMPRIMERIE D'ADOLPHE BLONDEAU,

RUE RAMEAU, 7, PLACE RICHELIEU.

1840.

DISCOURS

DE

M. FRANÇOIS ARAGO,

MEMBRE DE LA CHAMBRE DES DÉPUTÉS ET DE L'INSTITUT.

Je ne suis jamais venu dans ce champ de repos avec un plus profond sentiment de tristesse; mais aussi jamais la patrie, la liberté, n'ont eu à déplorer une plus grande perte.

Salverte naquit à Paris en 1771. Son père, qui occupait une position élevée dans l'administration des finances, le destina à la magistrature. Déjà à dix-huit ans, après des études brillantes au collége de Juilly, notre ami entrait au Châtelet de Paris comme avocat du roi. A cette même époque la France sortait d'un long et profond engourdissement. Elle réclamait de toutes parts, avec le calme qui est toujours le vrai caractère de la force, mais aussi avec l'énergie que ne peut manquer d'inspirer le bon droit, l'abolition du gouvernement absolu. La voix retentissante du peuple proclamait que les distinctions de caste blessent au même degré la dignité humaine et le sens commun; que tous les hommes doivent peser du même poids dans la balance de la justice; que le sentiment religieux ne saurait sans crime être l'objet des investigations de l'autorité politique.

Salverte avait trop de pénétration pour ne pas entrevoir la vaste étendue des réformes que ces grands principes amèneraient à leur suite, pour ne pas pressentir que la brillante carrière où il venait d'entrer se fermerait peut-être à jamais devant lui. Voilà donc le jeune avocat du roi, dès son début dans la vie, obligé de mettre en balance les sentiments du citoyen et l'intérêt privé. Mille exemples pourraient faire croire qu'en pareille occurrence l'épreuve est toujours rude et le succès disputé; hâtons-nous donc de déclarer que le patriotisme de Salverte l'emporta de haute lutte; que notre collègue n'hésita pas un seul instant à se ranger parmi les partisans les plus vifs, les plus consciencieux de notre glorieuse régénération politique.

Lorsque, plus tard, des résistances coupables, lorsque l'insolente intervention de l'étranger eurent jeté le pays dans de sanglants désordres, Salverte, avec tous les gens de bien, s'en affligea profondément. Il pressentit l'avantage qu'en tireraient, tôt ou tard, les ennemis de la liberté des peuples ; mais sa juste douleur ne le détacha pas de la cause du progrès. On le destitue des fonctions qu'il remplit au ministère des affaires étrangères ; il répond à cette brutalité imméritée, par la demande d'examen pour un emploi d'officier du génie et une mission aux armées. Les préoccupations du temps font rejeter du service militaire le fils d'un fermier-général ; Salverte, sans se décourager, sollicite au moins la faveur d'être utile à son pays dans les carrières civiles : l'école des ponts-et-chaussées le compte alors parmi ses élèves, et, bientôt après, parmi ses répétiteurs les plus zélés.

Notre ami subit, pendant ces temps de grandeurs immortelles et d'égaremens déplorables, jusqu'à l'épreuve d'une condamnation à mort prononcée sur le motif le plus futile, sans être ébranlé dans ses convictions généreuses, sans avoir un moment la pensée d'aller demander un refuge aux contrées d'où il aurait vu s'élancer ces hordes innombrables qui croyaient marcher à la curée de la France.

Salverte était trop bon Français pour rester insensible aux gloires de l'empire ; il était, d'autre part, trop ami de la liberté pour ne pas apercevoir les fers pesants et fortement rivés que couvraient d'abondantes moissons de lauriers. Aussi, jamais un mot d'éloge sorti de sa bouche ou de sa plume n'alla s'ajouter aux torrents d'adulation qui égarèrent sitôt le héros de Castiglione et de Rivoli.

Notre collègue consacra toute l'époque de l'empire à la retraite et à l'étude. C'est alors que, par des travaux persévérants, il devint dans les langues, dans l'érudition, dans l'économie politique, un des plus savants hommes de notre temps.

Salverte ne s'abusa point sur les mesures réactionnaires dans lesquelles la seconde restauration serait inévitablement conduite à se précipiter. Il crut que, malgré le texte formel de la capitulation de Paris, la foudre des passions politiques tomberait sur plusieurs de nos sommités militaires; il devina que ces actes sanguinaires seraient excités ou du moins encouragés par les généraux alliés; il prévit que le Midi verrait renaître ces odieuses dragonnades que l'histoire a rangées parmi les plus déplorables taches du règne de Louis XIV. Salverte sentit son cœur se serrer en présence d'un avenir si lugubre. Il résolut, surtout, de se soustraire au spectacle humiliant de l'occupation militaire de la France, et partit pour Genève.

Mme Salverte, si éminemment distinguée, si capable de comprendre notre ami, de s'associer à ses nobles sentiments; cette femme, dont la destinée avait été de s'unir à deux hommes qui, dans deux genres différents, ont également honoré la France, accompagna son mari dans cet exil volontaire qui dura cinq ans.

La vie publique, politique, militante de Salverte ne commença, à proprement parler, qu'en 1828. C'est en 1828 qu'un arrondissement électoral, composé des troisième et cinquième arrondissements municipaux de Paris, confia à notre ami l'honneur de le représenter à la chambre des députés. Cet honneur, sauf quelques semaines d'interruption, lui a depuis été toujours continué par un arrondissement, le cinquième, où le patriotisme constant, inébranlable des électeurs a su comprendre et mettre en action l'adage bien ancien, mais si plein de vérité : « L'union fait la force. » Pendant ses onze années de carrière législative, Salverte a été un modèle de fermeté, d'indépendance, de zèle et d'assiduité. Si quelquefois les procès-verbaux de nos séances ont été lus en présence d'un seul député, ce député était M. Salverte. Je ne sache pas que jamais il lui soit non plus arrivé de quitter la séance avant d'avoir entendu sortir de la bouche du président les paroles sacramentelles : « La séance est levée. » Notre siècle est devenu éminemment paperassier. Bien des personnes ont mis en doute la nécessité des innombrables distributions officielles de discours, de rapports, de tableaux, de statistiques de toute nature qui journellement envahissent nos demeures. On a été jusqu'à soutenir que pas un député n'avait eu jusqu'ici le temps et le courage de lire la totalité de ces imprimés : je me trompe, Messieurs, on fait une exception, une seule, et c'est M. Salverte que le public a cité.

Il n'est personne qui, mettant de côté tout esprit de parti, ne se soit empressé de rendre hommage à la loyauté du député du cinquième arrondissement de

Paris. Peut-être n'a-t-on pas été aussi juste à d'autres égards. Ne vous étonnez donc pas que je regarde comme un devoir de repousser ici, en présence de cette tombe, les reproches d'ambition, d'étroitesse de vues en matière de finances, de froideur, qui ont été bien légèrement adressés à notre excellent ami.

L'ambitieux Salverte, puisque je suis condamné à rapprocher deux mots si peu faits pour se trouver ensemble; l'ambitieux Salverte n'a même jamais accepté aucun de ces colifichets, qui, sous le nom de décorations, de croix, de cordons, sont si étrangement recherchés de toutes les classes de la société. L'ambitieux Salverte, après les trois immortelles journées, refusa la place importante de directeur-général des postes. Plus tard, l'ambitieux Salverte répondit à l'offre d'un ministère par des conditions si nettes, si précises, si libérales, qu'elles étaient dans sa pensée, et qu'elles furent, en effet, considérées comme l'équivalent d'un rejet formel.

Quand on se rappelle l'excessive facilité des votes législatifs en matière d'impôt, la réserve, la rigueur de Salverte, loin d'être un texte de reproche, me semblent les traits les plus honorables de sa carrière parlementaire. D'ailleurs, Messieurs, dans les questions où l'honneur, la dignité, les libertés de la France étaient en problème; toutes les fois qu'il fallut stipuler des secours en faveur des victimes de l'absolutisme, j'allais ajouter des victimes de notre faiblesse, de notre pusillanimité, le vote approbatif de notre collègue fut-il incertain?

Quant à ceux qui, se laissant abuser par certaines apparences, se sont trompés au point de prendre l'austérité de Salverte pour de la froideur, pour de la sécheresse d'âme, je leur demanderai s'ils ne l'ont pas vu bondir sur son siége pendant la discussion des lois de septembre? s'ils ont oublié la vigueur, la vive persistance de ses attaques contre la loterie, cet impôt immoral que l'administration prélevait naguère sur l'ignorance et la sottise?

N'est-ce pas, en très-grande partie, à l'indignation profonde, aux répugnances passionnées que toute institution contraire aux strictes règles de la morale excitait dans le cœur noble et élevé de notre ami, que la ville de Paris est redevable de la suppression de ces maisons privilégiées, peuplées d'agents de l'administration publique, et qui n'en étaient pas moins de hideux tripots où la fortune et l'honneur des familles allaient chaque jour s'engloutir.

Salverte, dites-vous, était un homme froid, compassé! Vous avez donc oublié, grand Dieu! les colères juvéniles auxquelles il s'abandonnait quand le journal du matin lui apportait la nouvelle d'un de ces revirements subits d'opinion, d'une de ces capitulations de conscience qui, si fréquemment, hélas! depuis 1830, sont venus affliger les âmes honnêtes? Vous ne voyez donc plus de quels flots de mépris il accablait ces êtres, rebut de l'espèce humaine, parasites de tous les partis, de toutes les opinions, qui épient l'occasion d'arriver aux dignités par l'avilissement?

« Oui, Messieurs, celui-là avait le cœur chaud, qui brisé par une année de cruelles souffrances, qui *vivant parmi les morts et mort parmi les vivants*, suivant la belle expression d'un savant illustre, rassemblait, il y a cinq jours, les derniers restes de ses forces, et s'associait à l'œuvre de progrès que ses amis politiques viennent d'entreprendre; qui nous prêtait l'appui de son nom vénéré; qui nous permettait d'invoquer, au besoin, l'autorité, toujours si respectable, des vœux et des paroles d'un mourant.

Adieu, mon cher Salverte! Repose en paix dans cette tombe que tu avais toi-même choisie, à côté de la compagne dont la mort prématurée a si tristement contribué à abréger tes jours! Ta mémoire n'a rien à redouter des atteintes empestées de la calomnie. Elle est sous une quadruple égide : les larmes d'une famille adorée, les bénédictions d'une population rurale parmi laquelle tu répandais tes bienfaits avec tant de discernement, la profonde vénération de tous tes collègues, la confiance illimitée d'un des arrondissements de la capitale le plus populeux et le plus éclairé. Vois ces électeurs à qui tu avais voué une si profonde affection; ils se pressent en foule autour de tes restes inanimés; ils viennent rendre hommage au député fidèle, incorruptible, persévérant, à l'homme qui ne croyait pas combiner de vaines paroles, lorsqu'en 1813, dans une épître à la liberté, il écrivait cet alexandrin, devenu depuis son invariable devise :

Le mensonge et la peur sont des vices d'esclaves.

Ton souvenir, mon cher Salverte, est gravé dans le cœur de ces excellents citoyens en traits profonds; il sera durable comme le bronze de la médaille qu'ils t'offrirent en 1834, pour te dédommager du court moment d'oubli de quelques uns d'entre eux.

« Adieu, Salverte ! adieu ! »

DISCOURS

DE

M. FÉLIX CADET-GASSICOURT.

Messieurs,

Si le simple aspect d'un convoi, si l'enveloppe funéraire d'un inconnu qu'on transporte au dernier asile ne manquent jamais d'inspirer un sentiment de mélancolie respectueuse aux âmes bien nées, à plus forte raison se sentent-elles pénétrées d'une profonde et religieuse émotion chaque fois qu'un homme placé dans une position notable de notre ordre constitutionnel vient de finir sa carrière.

Au bord de cette fosse ouverte pour le recevoir,

dain s'établit en nos âmes un tribunal de conscience devant lequel sont évoqués les souvenirs pour l'édification du présent et de l'avenir.

Devant ce tribunal, premier organe de la postérité, l'homme fort, celui dont la carrière fut marquée par la culture des lettres et des sciences, par l'exercice des vertus publiques et privées, apparaît comme au jour de son triomphe.

Alors, silencieusement rangés autour de cette enveloppe qui ne recèle plus que de froids et déplorables débris, nos regards s'en détachent, comme naguère son âme, et s'élèvent avec elle vers cette voûte céleste où nous nous retraçons l'image encore vivante et amie de celui qui semble nous y devancer.

Alors aussi s'élèvent mille voix intérieures, tribut d'admiration, de reconnaissance et de regrets.

Déjà le Savant-Citoyen vient de proclamer les hautes qualités civiques, les utiles travaux, les courageux et glorieux services de celui qui nous ramène en ce lieu de deuil.

Après cet éloquent et si digne panégyriste, si j'ose encore élever mes accents, ne pensez pas, Messieurs, que je vienne, en présence de cet imposant concours de citoyens, payer le tribut de ma douleur privée!..... Non, Eusèbe Salverte! non, mon second père! c'est dans le silence et le recueillement que je reviendrai bientôt épancher sur ta tombe les souvenirs et les larmes d'une amitié de plus de quarante années.

En ce moment solennel, je ne veux que remplir un devoir commun, énoncer une vérité, parce que je la crois utile.

Hélas! Messieurs, Eusèbe Salverte n'est plus!... Nous qui avons vécu si longues années avec lui de la vie intime, nous pouvons dire quelle est l'étendue de cette perte!... Nous perdons plus qu'un littérateur distingué, plus qu'un érudit profond, plus qu'un courageux et loyal député, plus même qu'un ami!...

Nous perdons, Citoyens, un homme invariable dans ses principes, inflexible dans leur application; nous perdons celui en qui nous avions foi, et qui nous donnait foi en nous-mêmes; celui dont l'existence nous faisait croire à la possibilité du triomphe définitif de la raison, parce qu'en sa personne se trouvait accomplie l'œuvre philosophique.

Oui, Messieurs, dans ces temps où le penchant vague et inquiet aux croyances semble survivre aux croyances abolies, où le besoin de les remplacer par quelque chose agite et tourmente incessamment la société, quel exemple plus salutaire, plus rassurant pour la morale, plus sublime, que l'exemple de notre Eusèbe Salverte, se faisant une auréole sacrée de sa conscience satisfaite, durant une carrière de soixante-huit années consacrées à l'étude et à la pratique de toutes les vertus libérales et philantropiques.

Cette conscience si pure, si ferme, inébranlable, inaccessible même à l'hésitation, fut son guide, son soutien, sa consolation et sa félicité. Elle vous révèle assez le secret de ce parfait désintéressement, de cette abnégation complète de l'ambition des honneurs ou du pouvoir que vous admiriez en lui!... C'est que sa conscience suffisait à son bonheur; c'est qu'il n'aspirait pas à d'autres récompenses de ses efforts constants pour le bien public et pour l'humanité; c'est qu'au-delà de cette vie, là où tout est incertain, ou même ignoré, il ne formait d'autre vœu que celui de se survivre dans vos généreux et patriotiques souvenirs.

La Postérité qui commence sur ta tombe, Eusèbe Salverte, te proclame *grand citoyen!*

DISCOURS
DE
M. LETRONNE,

PRÉSIDENT

DE L'ACADÉMIE DES INSCRIPTIONS ET BELLES-LETTRES.

Messieurs,

Avec quelle rapidité nos pertes se succèdent ! A peine avons-nous rendu les derniers devoirs à M. Michaud, à peine sa tombe est-elle fermée, qu'une tombe nouvelle s'ouvre pour recevoir les restes de M. Eusèbe Salverte, membre, au même titre, de notre Académie. Depuis plusieurs mois, la maladie qui devait nous le ravir le tenait éloigné de nous ; nous avions même peu d'espérance de le conserver et de le revoir dans nos assemblées hebdomadaires. Mais, quand le moment fatal est arrivé, la séparation, quoique prévue, est toujours douloureuse. Ceux de nos confrères qui n'étaient pas liés avec M. Salverte avaient pu du moins apprécier l'urbanité de ses manières et les lumières de son esprit ; quant à ceux qui l'ont vu de près, qui ont joui des qualités de son cœur, sa perte leur laisse des regrets qui ne peuvent point s'effacer.

Dès le commencement de sa carrière, M. Eusèbe Salverte était entré dans les emplois publics où l'appelaient son excellente éducation et les ressources d'un esprit préparé sur toutes les questions politiques ; mas la modération de son caractère, son éloignement de toute mesure cruelle ne pouvaient convenir à ces temps de trouble et de violence, et lui valurent les honneurs de la persécution. Alors, il dit adieu aux fonctions publiques ; il se voua tout entier à la culture des lettres. Elles devinrent l'unique aliment de cette activité intellectuelle qui l'a toujours distingué. Nous le voyons, depuis cette époque, s'exercer dans presque toutes les branches de la littérature, poésie, roman, philosophie, histoire ; il y déploya une flexibilité de talent qui n'était dénuée ni de force ni de profondeur. Entre toutes ses productions, je dois principalement rappeler celles qui lui ont ouvert les portes de l'Académie : telles que ses *Recherches sur les Noms propres*, son *Essai sur les Prodiges dans l'Antiquité*, et son *Histoire de la Civilisation*, ouvrage resté inachevé, mais rempli, comme les autres, de recherches variées ainsi que de vues ingénieuses et philosophiques.

Mais qui de nous, Messieurs, ne met les livres utiles bien au-dessus des livres les plus savants ? Je suis convaincu, pour ma part, que M. Eusèbe Salverte mettait au premier rang des siens son *Opuscule sur les Caisses d'épargne*, qui eut le mérite de hâter parmi nous la fondation de ces établissements que nos voisins appellent si justement *Banques de salut* (Saving Banks).

Lorsque les honorables suffrages de ses concitoyens l'eurent appelé à représenter l'un des arrondissements de Paris à la Chambre des députés, M. Eusèbe Salverte, pénétré de tous les devoirs que lui imposait cette marque signalée de confiance, s'y consacra tout entier avec un zèle qui ne s'est jamais démenti. Ses chères études, qui l'avaient occupé et consolé toute sa vie, en souffrirent nécessairement un peu; mais il fut loin de les abandonner; il leur consacra tous les instants que lui laissaient de plus impérieux devoirs. Il appartenait à l'orateur éloquent que vous venez d'entendre, de le suivre dans cette nouvelle carrière politique, de vous signaler tous les services qu'il y a rendus à son pays. Je dois me borner à dire que ceux-là même qui ne partageaient pas sa manière de voir, qui venaient le combattre, ont toujours rendu hommage à la sincérité de ses opinions, à son ardent amour du bien public, à l'indépendance comme à la noblesse de son caractère.

DISCOURS

DE

M. PONS (de l'Hérault).

Messieurs,

Le regret d'avoir contribué à la révolution du 7 août : la conduite de quelques hommes ambitieux qui se séparèrent de l'extrême gauche pour se frayer une issue au pouvoir : la flétrissure imprimée à la France par les lois de septembre.... Telles sont les causes principales qui dévorèrent la santé du vertueux citoyen dont la douleur commune est l'honorable apothéose. Je dis cela avec une affliction sincère. Mais il ne m'était pas permis de le taire : un engagement d'honneur m'imposait le devoir de parler.

Maintenant je laisserai aller mon cœur.

Confident presque unique des pensées de mon vieil ami, je vais vous les faire connaître, et les transmettre au pays.... au pays qui en fut la source inspiratrice...

Aux jours où Eusèbe Salverte n'apercevait pas encore la dernière borne de son avenir mortel, j'étudiai toutes les phases de sa carrière, et j'esquissai les pages les plus remarquables de son histoire. Il m'était réservé de répéter en pleurant une partie de ce que j'avais écrit avec une douce jouissance.

Toutefois je serai bref. Il me serait d'ailleurs impossible de vous entretenir longuement.

Eusèbe Salverte naquit dans l'opulence : son père était fermier-général. C'est presque dire que son enfance fut entourée d'exemples et de leçons d'aristocratie : mais sa nature le mettait au-dessus de ces exemples et de ces leçons. Il était supérieur aux préjugés.

La révolution de 1789 le trouva attaché au ministère public du Châtelet : il n'avait que trois fois porté la parole : pourtant son indépendance était déjà manifeste. Les événements l'éloignèrent de la magistrature.

L'Europe despotique marchait contre la France libre : elle voulait la décimer. La France libre marcha contre l'Europe despotique : elle la vainquit. Cette époque fut à la fois et sublime et terrible. Eusèbe Salverte voulut y prendre part : il offrit son bras et son épée. On crut que ses relations de famille l'empêcheraient de brûler du feu sacré : il ne fut point admis sous les drapeaux de la patrie. Ce refus injuste l'abreuva d'amertume.

Alors il se livra à l'étude de l'homme social. Ses jours furent remplis par d'honorables travaux. Son savoir était immense.... Eusèbe Salverte aurait compté au premier rang de nos plus grands écrivains si son éloquence avait été égale à son érudition. Néanmoins ses œuvres seront toujours un des plus nobles ornements des riches bibliothèques : elles lui valurent d'être nommé académicien libre de la troisième classe de l'Institut. Vous vous apercevrez que je viens de franchir un bon nombre d'années. Je reprends la marche des temps.

La réaction thermidorienne avait dégradé la Convention. L'avilissement des réactionnaires amena et nécessita la journée du 13 vendémiaire. Eusèbe Salverte se mêla aux sections insurgées. Une commission militaire le condamna à mort. Cette condamnation était un acte de folie : elle n'était fondée sur aucun fait de culpabilité : pas même sur l'apparence d'un tort... Eusèbe Salverte considérait le 13 vendémiaire comme l'anneau politique qui liait la République à l'Empire : cette opinion le dominait : elle le séparait de la République et de l'Empire. C'est la seule erreur que sa haute raison n'était pas parvenu à vaincre.

Les gouvernements de déception et d'immoralité sont une source intarissable de tribulations pour les gouvernés : la preuve de cette triste vérité est sans cesse palpitante : on dirait qu'elle se reproduit toujours plus odieuse. La versatilité ensanglantée du directoire dégoûta les gens de bien. Eusèbe Salverte se retira du monde : il retourna à ses livres. Le gouvernement directorial ne put jamais parvenir à se l'attacher. Cela devait être.... Infidèle à son origine, trahissant tous ceux qu'il pouvait trahir, ne songeant exclusivement qu'à lui, toujours entouré d'intrigants et d'apostats, sans aucune espèce de nationalité, n'ayant de vouloir que pour faire égorger les citoyens qui lui portaient ombrage, le directoire tomba dans le mépris, et le mépris le tua. Un soldat profita de la circonstance : il brisa le sceptre des lois : il s'empara du pouvoir.... Eusèbe Salverte n'approuva pas le 18 brumaire.

On eut un moment la presque certitude qu'Eusèbe Salverte siégerait au tribunat. C'était le premier consul qui en avait eu la pensée : un des deux autres consuls le détourna de cette heureuse inspiration.

Eusèbe Salverte resta étranger aux affaires publiques de l'Empire : mais il s'associa à la gloire nationale de cette grande époque.

L'ennemi souillait notre belle France. Eusèbe Salverte alla gémir sous un autre ciel. Il rentra dans son pays lorsque l'étranger en fut parti.

C'est à cette époque de funeste mémoire que, prêt à quitter sa patrie, Eusèbe Salverte épousa Mme veuve Fleurieu, l'une des femmes les plus distinguées de notre temps, et qui lui apporta toute l'étendue du bonheur conjugal. Plus tard il perdit cette compagne chérie. C'était perdre la moitié de son existence. Rien ne pouvait plus guérir la plaie profonde que la mort avait faite au cœur d'Eusèbe Salverte : elle saignait sans cesse, toujours plus cruelle. Il chercha à en adoucir l'amertume : il voua une tendresse extrême aux enfants de sa femme : il les aima comme il les aurait aimés s'ils avaient été ses propres enfants. C'était une famille qu'il se créait. Ses enfants d'adoption répondirent à son amour paternel par un amour filial. Les dernières volontés d'Eusèbe Salverte ont consacré solennellement la cause et les effets de cette affection réciproque.

Des amis de la Restauration sollicitèrent l'appui de son talent : Eusèbe Salverte fut sourd à leurs voix : il ne considérait pas la Restauration comme étant d'origine française. Mais il répondit avec empressement au premier appel national qui lui fut fait : c'était en 1828. Les patriotes du troisième arrondissement qui se composait des troisième et cinquième circonscriptions municipales, le portèrent à la députation, et il accepta avec reconnaissance.

Suivons-le rapidement dans cette autre période de sa vie.

En entrant dans l'arène législative, Eusèbe Salverte fixa immédiatement sa place parmi les plus vigoureux athlètes du peuple, et une fois à la brèche il ne la quitta plus. On aurait pu croire qu'il avait blanchi dans les luttes politiques et sociales. Bientôt on l'appela *le modèle des députés* : c'était lui rendre la justice qu'il méritait. Aussi tous les patriarches de la liberté se hâtèrent de l'adopter. L'opinion publique fit encore plus : dès les premiers combats elle lui décerna les chevrons de la vétérance nationale. Personne ne s'aperçut qu'Eusèbe Salverte était un nouveau venu.

La grande semaine avait retrempé l'âme d'Eusèbe Salverte : nul alors ne le surpassa en courage moral et en énergie civique.

Ce fut après les trois immortelles journées que la majorité des électeurs du cinquième arrondissement l'adopta plus particulièrement comme le représentant vrai de ses principes. Il était glorieux pour Eusèbe Salverte d'être l'élu chéri de cette élite citoyenne : de cette élite qui dans tous les temps et dans toutes les circonstances a été l'une des plus belles espérances du pays..... Cette union de pureté patriotique était sainte et sacrée, si sainte et si sacrée que la vue de la faulx déjà levée sur la tête d'Eusèbe Salverte n'empêcha point le cinquième arrondissement de renouveler le mandat de son député... Et, Eusèbe Salverte tout entier à ses bonnes intentions, disait aux électeurs, *J'irai, s'il le faut, j'irai voter et mourir à la tribune!...* Oh! que ces électeurs de perfection écoutent ma voix amie, et qu'ils la considèrent comme si elle sortait du fond de cette tombe pour leur rendre des actions de grâces!!!

Vous aurez pitié de moi, Messieurs, et vous me dispenserez d'énumérer un à un les travaux législatifs d'Eusèbe Salverte. Vous en avez été les témoins quotidiens. Ces travaux furent aussi étonnants que multipliés. Il ne s'est pas traité une seule haute question législative qu'Eusèbe Salverte n'y ait attaché son nom. Les esclaves du Nouveau-Monde verseront des torrents de larmes quand ils sauront qu'il n'est plus. C'est lui qui attaqua l'immoralité des maisons de jeu : cette immoralité mère nourricière des vices en général et des fonds secrets en particulier. C'est lui qui frappa à coups redoublés l'imposition dégradante de la loterie. C'est lui qui fit lever le glaive de la justice sur le ministère qui avait signé les ordonnances du 25 juillet. C'est lui qui voulut soulever le voile qui cachait et qui cache encore les véritables auteurs des catastrophes à jamais déplorables de Lyon. C'est lui qui ne voulait pas que la dotation de la liste civile s'élevât à plus de six millions. C'est lui qui resta toujours fidèle au *compte-rendu*. C'est lui enfin que les pouvoirs de perversité trouvèrent constamment devant eux prêt à s'opposer à leurs malversations. Rien ne pouvait ébranler ses convictions. Il s'était parfaitement peint dans sa devise : *Nescia flecti.*

Néanmoins je dois dire que dans ces dernières années Eusèbe Salverte ne parvenait pas toujours à fixer l'attention de la chambre. Cela s'explique. Eusèbe Salverte ne parlait que pour les députés d'indépendance et de savoir : dès-lors peu de députés pouvaient s'élever à la hauteur de ce qu'il disait. Ceux qui ne veulent pas écouter se liguent pour que personne n'écoute. Mais le *Moniteur* est là : il n'y a pas possibilité de le répudier ; ses colonnes sont invulnérables du moment qu'elles sont publiques. Je le dis avec assurance : Eusèbe Salverte y a déposé un bel héritage de gloire. Le temps grandira sa réputation.

Eusèbe Salverte aimait à identifier ses sentiments avec les sentiments de Dupont (de l'Eure) et d'Arago : Ses dernières paroles ont été une adhésion à leur comité pour la réforme électorale.

La bienfaisance d'Eusèbe Salverte était incessante ; mais il cachait ses générosités, et jamais sa bouche ne divulgua le secret d'un service rendu. On l'affligeait lorsqu'on l'entretenait d'une bonne action qu'il avait faite et qu'il croyait ignorée.

Je m'arrête sans avoir terminé. La force m'abandonne. Je dois laisser ma tâche inachevée.

Salut à ta cendre, Eusèbe Salverte, respect à ton nom, et honneur à ta mémoire !... Il est un séjour éternel, nous nous y retrouverons, et nous continuerons à nous aimer ! Adieu mon ami : adieu notre ami : adieu l'ami de la patrie !

DISCOURS

DE

M. STERLIN, électeur du 5ᵐᵉ arondissement.

La France vient d'éprouver une grande perte.

Eusèbe Salverte, le modèle de la probité politique, le député incorruptible, le fidèle et infatigable défenseur des libertés et de la fortune publique, Eusèbe Salverte n'est plus !

Perte à jamais douloureuse pour le pays tout entier, mais plus cruelle encore pour le cinquième arrondissement de Paris.

La France, cette terre féconde en grands courages et en nobles vertus, la France retrouvera sans doute de nombreux enfants dignes de remplacer celui qu'elle pleure aujourd'hui ; *mais le cinquième arrondissement est-il bien sûr de renvoyer à la tribune nationale un député aussi pur, aussi désintéressé, aussi fermement attaché aux gloires de nos deux révolutions ?*

Electeurs du cinquième arrondissement, ce deuil est bien le nôtre, non moins que celui d'une respectable famille.

Eusèbe Salverte nous appartenait aussi, à nous, à nous qui nous sommes honorés six fois par l'élection de ce grand et bon citoyen.

A nous donc le triste droit de venir, après des voix si patriotiquement éloquentes, saluer de nos regrets cette tombe encore ouverte. A nous de rappeler en quelques mots les services politiques de notre digne représentant.

En 1828, le troisième collége électoral de la Seine, composé des troisième et cinquième arrondissements municipaux, appela à la Chambre Eusèbe Salverte, recommandé aux suffrages des électeurs par de profondes études, une haute probité politique et un ardent patriotisme.

Un pouvoir ombrageux et oppresseur conteste-t-il aux électeurs le droit de se réunir pour discuter le choix de leurs députés. Eusèbe Salverte monte pour la première fois à la tribune et plaide énergiquement la cause des électeurs.

Un acte stupide et brutal a-t-il prononcé la dissolution de la garde nationale, il vient aussitôt revendiquer le droit qu'a le peuple français de porter les armes pour la défense de ses libertés.

Le sang des citoyens a-t-il coulé dans la rue Saint-Denis sous les charges de la garde royale : la voix d'Eusèbe Salverte s'élève pour demander justice; et plus tard, cette même voix seconde les efforts du respectable Labbey de Pompières, proposant la mise en accusation du ministère déplorable.

Votée par lui, l'adresse des 221, préludait au renversement de la royauté de Charles X.

Un règne nouveau commence; mais les dynasties se succèdent sans qu'aucune d'elles puissent le compter au nombre de ses courtisans.

Son œil clairvoyant avait déjà aperçu les dangers qui menaçaient nos libertés. Vainement sa voix prudente sollicite une révision moins précipitée de la charte octroyée. Cette voix n'est pas entendue ou plutôt elle est couverte par les cris de ces hommes qui, déserteurs de la cause du peuple, avaient hâte de replâtrer à leur usage ce pacte fondamental.

Parmi tant d'apostasies qui ont signalé cette époque, Eusèbe Salverte est resté fidèle au mandat qui lui avait été confié par sa double élection de 1830 et 1831. Protestant par ses actes et par sa parole contre les tendances rétrogrades d'un gouvernement trop promptement oublieux de son origine, nous l'avons vu défendre pied à pied chacune de nos libertés menacées.

En 1834, la dissolution de la chambre ramène devant nous le député que nous avions élu à la presque unanimité en 1831. Cette fois seulement l'intègre député succombe sous les honteuses manœuvres et les fausses terreurs habilement exploitées par le pouvoir.

Une récompense bien douce vint consoler Eusèbe Salverte de cet échec immérité : une médaille qui rappelait ses services lui fut décernée par les électeurs et citoyens patriotes du cinquième arrondissement.

Mais, presque aussitôt rappelé à la chambre par une imposante majorité, Salverte éleva sa voix énergique et éloquente pour flétrir l'iniquité ou l'énormité des impôts, et combattre les lois d'exception. Deux élections successives vinrent récompenser sa courageuse fermeté.

Tant de luttes et tant de travaux avaient miné sa constitution. Désormais, il portait dans son sein les germes du mal qui devait nous l'enlever. D'horribles souffrances déchiraient son corps, sans abattre son âme. Électeurs patriotes, vous vous le rappelez, lorsqu'après cette dernière élection, où nul concurrent n'osa lui disputer nos suffrages, nos rangs pressés l'entouraient dans sa modeste demeure : « Lorsque inquiets des rasages produits par une funeste maladie, nous lui manifestions nos craintes de ne pas le voir à la chambre pour l'importante discussion de l'adresse, « Je serai à mon poste, nous répondit-il d'un ton calme, ou je ne verai plus. » Mais déjà la mort avait étendu sur lui sa main inexorable.

Électeurs du cinquième arrondissement, la terre

va recouvrir les restes du patriote intègre et fidèle.

Eusèbe Salverte, les accents de tes amis ne peuvent plus parvenir jusqu'à toi; mais, au-dessus de ces restes froids et inanimés, plane pour rester gravé dans nos cœurs, le souvenir de tes vertus et de ton dévoûment à la patrie.

Eusèbe Salverte, tu ne meurs pas tout entier. Nous garderons religieusement l'exemple de tes vertus, de ton désintéressement, de ton patriotisme et de ta noble fermeté, afin de les proposer pour modèle à ceux qui aspireront à l'honneur de te succéder.

A dieu, Salverte! Adieu, notre bon et loyal député! »

www.ingramcontent.com/pod-product-compliance
Lightning Source LLC
Chambersburg PA
CBHW060907050426
42453CB00010B/1590